A LA MÉMOIRE DE TOUS MES PARENTS,

A TOUS CEUX QUE J'AIME.

FACULTÉ DE DROIT DE TOULOUSE.

ACTE PUBLIC

POUR LA LICENCE,

EN EXÉCUTION DE L'ARTICLE 4, TITRE 2, DE LA LOI DU 22 VENTÔSE, AN 12.

SOUTENU

Par M. DELMAS (Etienne-François),

Né à PAULHE (Aveyron.)

JUS ROMANUM.

INST. LIB. II, TIT. XX.

§ 1er.—20.

De legatis.

Legatum, et fideicommissum et mortis causâ donationem continet; in strictâ autem sententiâ acceptum est donatio quædam à defuncto relicta.

1849

Olim quatuor erant legandi modi : per vindicationem , per damnationem , sinendi modo, per præceptionem. Hæc legata fiebant verborum solemnitate, ità ut sine verbis non valebant. Variis distinguebantur formulis et eorum effectus alii erant secundum testatoris verba. Ex jure Justiniani omnia habent eumdem effectum, id est : proprietatem rei legatæ legatario transferre, illique dare triplicem actionem, videlicet : actionem in rem, actionem in personam, actionem hypothecariam. Prætereà Justinianus nullam esse differentiam inter legata et fidei commissa singularia voluit.

Testator res omnes quæ sunt in hominum commercio legare potest. Hæ quæ ædibus junctæ sunt quamvis in commercio sint, legari non possunt.

Res quæ in natura adhùc non sunt, modò futuræ sperentur, veluti res extantes legari possunt. Legatum futurarum rerum ut : fructus ex fundo nascituros, ex conditione pendet, et enim si nihil nascitur, nihil debebitur, nisi certa fructuum quantitas expressa aut fundus adjectus demonstrationis et non taxationis causà fuerit.

Testator adhùc potest legare rem suam, vel alienam, vel hæredis. Si rem alienam legaverit, hæres tenetur rem legatam redimere si possit et legatario præstare. Si redimere non possit hæres tenetur ejus æstimationem præstare. Legatum tamen non valebit si testator ignoraverit rem esse alienam. Tunc enim præsumtio est illum legaturum non fuisse si rem alienam esse scivisset. Unus verò exceptus est casus, si legatum relictum sit proximæ personæ, cui testator legaturus esset etsi scivisset rem esse alienam.

Si, vivo adhuc testatore, legatarius rei legatæ dominus factus sit ex causâ lucrativâ, nihil petere poterit, quia *duæ causæ lucrativæ in eumdem hominem et eamdem rem simul concurrere non possunt.* Si verò dominus ex causâ onerosâ factus sit, tunc actione ex testamento pretium consequi poterit.

Quid adveniet si testator rem suam quam credebat alienam esse aut legatarii legaverit ? Respondemus legatum valere in utroque casu. In primo nam plus valet quod in veritate est quam quod in opinione ; in secundo nam exitum voluntas defuncti potest habere. (Inst. Lib. II. Tit. XX. § 11.)

Sed si ipsa res legatarii legata sit non valet legatum enim *quod proprium est ipsius, amplius ejus fieri non potest*. Si rem legatam legatarius alienaverit non sic legatum ob initio inutile legitimum faciet nam ex regulâ Catoniana : quod inutile foret legatum si statim post factum testamentum decessisset testator ; hoc non debet ideò valere quia diutiùs testator vixerit.

Si propriam rem oppignoratam testator legaverit utile legatum erit, nam res alienas si legare licet, oppignoratas quoque cùm in istis proprietatem adhùc habeat testator. Sitestator sciverit rem esse pignori obligatam, tunc hæres eam luere debet, si ignoraverit tunc legatarius. Unus exceptus est casus, si debitum exæquat aut superat pretium rei obligatæ. In hoc casu hæres pignus luere debet, quamvis testator rem obligatam esse ignoraverit ; et hoc æquum est, nam si lueret legatarius nihil reipsâ acciperet.

Rem suam legatam si testator posteà alienaverit, hoc utile legatum erit dùm alienationem necessitate fecerit. Si verò voluntaria alienatio sit, inutile legatum erit, nam cogitandum est testatorem voluntatem legati mutasse.

Si certa species legata sine facto aut morâ hæredis perierit, legatario perit. Contrà vero si certa species legata facto hæredis perierit, non liberabitur. Decrementum rei legatæ legatarius substinens, augmentum quoque sentire debet. Itaque, imminuto grege legato, id quod superest debetur legatario, quamvis una ovis superesset. Itâ quod illud augebit cedit legatario.

Res incorporales non aliud ac res corporales legari passunt. Veluti si hæredem testator damnaverit ut alterius domum reædificet, aut aliquid noo faciet in alterius gratiam, aut aliquem ære alieno liberet. (Inst. Lib. II. Tit. XX. § 21.) Legatum nominis, liberationis debiti, dotis, rerum incorporalium legata quoque sunt. Legatum nominis est ; quandò testator alicui legat quod sibi ab altero debetur. Hæres legatario actiones testatoris cedere tenetur.

Legatum liberationis est : quando testator legatario relinquit quod ipsi ille debet. Hæres legatarium liberare tenetur.

Si debitor creditori legaverit quod ipse debet tunc legatum debiti erit; et hoc utile erit legatum, nam si purum sit legatum et si testator sub conditione aut in diem certum debeat, statim ex testamento adversùs hæredem agere poterit. Imò legatarius actionem hypothecariam in omnibus bonis hæreditariis habebit.

Legatum dotis est : quandò maritus dotem uxori suæ legat. Hujus legati utilitas in eo consistit quod, soluto matrimonio, statim dos restituenda est. Præterea ad utilium expensorum dotis restitutionem vidua non est obligata.

Multùm interest quandò dies legati cedit, id est quandò incipit deberi, et quandò dies legati venit, id est quando peti potest cognoscere. Si legatum purum sit ex morte testatoris dies cedit et ab aditione hæreditatis dies venit. Si legatum sit in diem certum à estatoris morte dies cedit, sed dies venit tantùm à die advento et aditâ hæreditate. Si legatum sit conditionale dies cedit à conditione repletâ dum tunc, hæreditatis aditio facta sit ; à condltione repletâ dies quoque venit.—Ad legatum peculii hæ regulæ pertinent. (Inst. Lib. II, Tit. XX, § 20.)

CODE CIVIL.

LIVRE III, TITRE II.

De la forme des donations entre-vifs. (Art. 931 à 980.)

La donation est un des rares contrats pour la validité desquels la loi exige la forme notariée. « Tous actes portant donation entre-vifs, nous dit l'art. 931, seront passés devant notaire dans la forme ordinaire des contrats, et il en restera minute sous peine de nullité.» Il ne faut pas conclure des termes de cet article que toutes donations doivent être faites devant notaire, car il existe des donations qui peuvent se faire valablement sans être constatées par un acte. Ainsi, la donation qui sera l'accessoire d'un contrat onéreux, ou qui sera déguisée sous la forme d'un contrat onéreux, sera dispensée de ces formalités. De même on pourra, sans aucun acte authentique ou sous seing-privé, se faire des dons manuels. Notre article veut dire seulement que dans le cas où on rédigera la convention de donation par écrit, l'acte sera passé devant notaire. Le dépôt chez un notaire d'une donation directe faite sous seing-privé serait sans valeur, lors même que le dépôt serait constaté par acte authentique. L'acte reçu par un notaire, mais en brevet seulement, serait encore nul. Il en serait de même de l'acte dressé par un juge de paix assisté de son greffier, quoique ce fût un acte authentique.

L'acceptation du donataire est une des conditions essentielles de la donation. Ce n'est que par ce concours des deux volontés du donataire et du donateur que celui-ci se trouve engagé, et que la propriété passe de l'un à l'autre. Les contrats ne se formant que par le consentement des parties, il était tout naturel que la loi exigeât l'acceptation de la donation par le donataire. Mais elle exige, en outre, que cette acceptation soit expresse. Cette rigueur que la loi n'a pas montrée pour la validité des autres contrats s'explique par la défaveur avec laquelle la législation française a toujours vu les donations. On a voulu rendre ainsi les donations plus rares en multipliant autour d'elles les chances d'annulation. Ainsi, l'acceptation doit se faire en termes exprès, mais non en termes sacramentels. Il suffit que l'expression formelle de l'acceptation se trouve dans l'acte. Elle peut avoir lieu par acte séparé et postérieur pourvu que cet acte soit fait devant notaire. Ce sera seulement du jour de cette acceptation que le contrat se formera, et la donation n'aura d'effet à l'égard du donateur que du jour où l'acte d'acceptation lui aura été notifié. Jusque-là il conserve le droit de disposer à sa fantaisie, et la donation serait non avenue s'il mourait avant la notification faite.

Voyons maintenant quelles sont les personnes qui peuvent ou doivent accepter les donations.

Si le donataire est majeur, l'acceptation doit être faite par lui ou par son mandataire, mais il faut que la procuration du mandataire soit spéciale, devant notaire et en minute, art. 933. Un pouvoir spécial de représenter la personne dans tous les actes qui pourront l'intéresser ne suffirait pas. Il faut un pouvoir spécial pour telle donation, ou pour les donations en général.

La donation faite à la femme mariée ne peut être acceptée par elle sans le consentement de son mari, de même celle faite à un mineur non émancipé ou à un interdit doit être acceptée par son tuteur. Si le mineur est émancipé, il pourra accepter avec l'assistance de son curateur. Les père et mère du mineur ou les autres ascendants, même du vivant des père et mère, quoiqu'ils ne soient ni tuteurs, ni curateurs du mineur, pourront accepter pour lui, art. 935.

L'acceptation qu'un incapable ferait par lui-même serait-elle nulle absolument ou relativement ? Cette question est très-controversée. Il semble pourtant que cette nullité ne doit exister que relativement et au profit de l'incapable. Le principe général posé par l'article 1125, que le contrat passé entre une personne incapable et une personne capable lie la seconde, quoiqu'il ne lie pas la première, en ce sens qu'il est au choix de l'incapable de maintenir le contrat ou de le faire annuler, doit recevoir ici son application. On ne trouve, en effet, nulle part dans le Code un texte qui fasse exception à cette règle générale.

Un sourd-muet qui sait écrire peut accepter par lui-même ou par un fondé de pouvoir les donations qui lui sont faites. S'il ne sait pas écrire, les donations doivent être acceptées par un curateur nommé *ad hoc* (Art. 936).

Les donations faites au profit d'hospices, des pauvres d'une commune ou d'établissements quelconques, doivent être acceptées par les administrateurs de ces établissements, après y avoir été dûment autorisés (Art. 937.) L'acceptation, pour être valable, doit être précédée de l'autorisation.

Le consentement manifesté de la part du donateur et du donataire, dans les formes voulues, suffit seul pour opérer la translation de propriété, et sans qu'il soit besoin d'aucune tradition. Ce principe ne pourra s'appliquer que dans les donations d'objets certains et déterminés. S'il s'agit d'une donation de genre, le donataire ne deviendra propriétaire que par la tradition.

La nécessité de rendre les donations publiques a été reconnue de tout temps. Dans notre ancien droit, cette publicité avait lieu au moyen de *l'insinuation*. Elle a été remplacée par la transcription qui s'opère par la copie intégrale de l'acte sur les registres du conservateur des hypothèques.

L'article 939 exige la transcription des donations de biens susceptibles d'hypothèques. Cette formalité n'est pas nécessaire pour la validité de l'acte, elle n'est exigée que dans l'intérêt des tiers.

Son défaut ne pourra donc être opposé que par les personnes ayant intérêt. Ces personnes seront, non-seulement les créanciers hypothécaires, mais encore les créanciers chirographaires. Mais ceux qui étaient chargés de faire faire la transcription ne pourraient pas opposer son défaut. Ainsi, les tuteurs, les curateurs, les maris administrateurs qui étaient chargés de faire transcrire pour les mineurs, les femmes mariées, etc., ne pourraient argumenter pour le maintien d'un droit qu'ils auraient acquis sur le bien donné, du défaut de transcription, qui est une faute de leur part. La loi refuse le droit d'invoquer la transcription, non-seulement à ceux qui devaient faire inscrire, mais encore à leurs ayant-cause qui n'ont pas à cet égard plus de droit qu'eux.

Le donateur est placé par la loi au nombre de ceux qui ne peuvent pas opposer le défaut de transcription. Il est évident en effet que celui qui a fait la donation ne peut pas se plaindre de ce que la donation n'a pas été rendue publique, et ses héritiers ne le peuvent pas davantage.

L'article 943 dit que la donation entre-vifs ne pourra comprendre que des biens présents, et si elle comprend des biens à venir, la déclare nulle à cet égard. Cet article n'est que la conséquence des deux caractères essentiels de la donation, le dépouillement actuel et irrévocable du donateur. La règle qu'il pose ne s'applique pas aux donations entre époux ou par contrat de mariage.

Si la donation était faite sous une condition dont il est au pouvoir du donateur de procurer ou d'empêcher l'accomplissement, elle serait également nulle, puisque alors le donateur conserverait un moyen de se délier. Le principe d'irrévocabilité serait manifestement violé. Cependant si la condition dépendait en même temps de la volonté du donateur et de celle du donataire, la donation ne serait pas nulle.

Le donateur peur imposer au donataire telles obligations qu'il lui plaît. Mais si ces obligations sont pour lui un moyen de diminuer ou d'anéantir la libéralité, la règle *donner et retirer ne vaut* s'opposera à la validité du contrat. Ainsi la charge imposée au donataire d'acquitter des dettes qui ne seraient pas actuellement déterminées, et qui, dès-lors, pourraient devenir égales à la valeur de l'objet donné, rendra la donation nulle.

Lorsque le donateur se réserve le droit de disposer ultérieurement d'une partie de ce qu'il donne, il ne se dépouille pas irrévocablement et la donation est nulle pour cette partie qui reste sa propriété et qui à sa mort passe à ses héritiers, et non au donataire, malgré toute stipulation contraire.

En ce qui concerne la donation d'objets mobiliers, un état estimatif signé du donateur et du donataire ou de ceux qui acceptent pour lui, doit être annexé à la minute de la donation. Cet état estimatif est nécessaire pour préciser d'une manière détaillée les objets donnés, et afin que le donateur ne puisse pas après coup diminuer la donation, ce qui porterait atteinte au principe de l'irrévocabilité. Mais la donation mobilière, nulle par défaut d'état estimatif, se transforme par la délivrance des meubles en simple don manuel qui, dès-lors, sera valable comme tel, sans aucun besoin ni de l'état estimatif, ni de l'acte même de donation.

Il est permis à celui qui fait une donation de stipuler le *droit de retour*. La clause que la donation sera résolue si le donateur ou le donataire et ses descendants meurent avant le donateur, n'est, en effet, nullement contraire à la règle : *Donner et retirer ne vaut.*

Le droit de retour ne peut jamais se présumer, il faut qu'il soit formellement stipulé dans la donation. Il ne peut être stipulé qu'en faveur du donateur. La stipulation qui aurait été faite pour le donateur ou ses héritiers, ou pour ses héritiers seuls ou des tiers, devrait-elle être non écrite comme condition illicite, ou bien devrait-elle être considérée comme une substitution qui annulerait la disposition principale? Il faut, à ce sujet, faire une distinction, et dire que la stipulation de retour en faveur des héritiers seulement ou d'un tiers doit être regardée comme une substitution et annuler la disposition principale. Dans ce cas, en effet, il n'est pas vrai de dire qu'il y a retour, puisque le bien doit aller par l'effet de la stipulation à une personne qui ne l'a jamais eu. On trouve d'ailleurs dans cette stipulation tous les caractères d'une substitution déguisée sous ce nom de retour. Il y a, en effet, dérangement de l'ordre des successions, libéralité mise dans une autre libéralité et aussi charge de conserver et de rendre, puisque le droit de retour a pour effet de rendre nulle l'aliénation des biens qui y sont soumis. Mais si la stipulation de retour a été faite en faveur du donateur et de ses héritiers, elle sera seulement réputée non écrite comme contraire à la loi. Ici, ce serait comme héritiers du donateur, comme continuant sa personne et exerçant après lui les droits qu'il avait lui-même, que les héritiers seraient appelés et non comme donataires. En outre, la clause de retour ainsi étendue ne contrarie pas comme la substitution l'ordre légal des successions, elle fait, au contraire, cesser le dérangement que la donation y apporte.

Le donateur peut stipuler le retour pour le cas de prédécès du donataire seul, ou bien encore pour le cas du prédécès du donataire et de ses descendants. Dans cette expression de *descendants*, la loi ne comprend pas les enfants naturels et adoptifs, qui, à moins de conventions contraires, ne feront point obstacle au droit de retour.

Il est généralement admis que la mort civile soit du donateur, soit du donataire ou de ses descendants, produit les mêmes effets que leur mort naturelle.

Le droit de retour, lorsqu'il se réalise, a pour effet l'évanouissement de toutes les aliénations et concessions de droits réels faites par le donataire. La donation n'est faite que sous une condition résolutoire ; si cette condition s'accomplit, la donation sera censée n'avoir pas eu lieu, le donataire se trouvera n'avoir pas été propriétaire, il faudra donc appliquer le principe : *Soluto jure dantis, solvitur jus accipientis*. La loi fait exception à ce principe pour l'hypothèque légale de la femme du donataire. Mais il faut, pour que cette hypothèque soit maintenue, que la donation soit faite par contrat de mariage et que les biens du mari soient insuffisants pour la garantie de la dot et des conventions matrimoniales.

Des exceptions à la règle de l'irrévocabilité des donations.

La loi établit une exception au principe de l'irrévocabilité des donations dans les trois cas suivants :

1° Pour cause d'inexécution des charges imposées à la donation ;

2° Pour cause d'ingratitude de la part du donataire ;

3° Pour cause de survenance d'enfants au donateur.

Une donation à laquelle des charges sont imposées, est faite de plein droit sous la condition que ces charges seront accomplies par le donataire. Leur inexécution permet donc de faire résoudre les droits du donataire et par suite tous ceux que ce donataire aurait pu conférer à des tiers. Les biens donnés rentrent dans les mains du donateur libre de toutes charges du chef du donataire. Celui-ci ne peut pas non plus se dispenser d'exécuter les conditions qu'il a acceptées en renonçant à la donation et le donateur a le choix de demander la révocation ou de le contraindre à l'exécution des charges. La révocation n'a jamais lieu de plein droit et les tribunaux doivent la prononcer. Si le donateur conclut à l'exécution, il peut exercer l'action pendant trente ans; s'il demande la révocation, l'action ne dure que dix ans.

L'article 955 énumère trois cas dans lesquels la donation pourra être révoquée pour cause d'ingratitude :

1° Si le donataire a attenté à la vie du donateur ;

2° S'il s'est rendu coupable envers lui de sévices, délits ou injures graves ;

3° S'il lui refuse des aliments.

La révocation pour cause d'ingratitude qui n'est qu'une punition infligée au donataire coupable n'a pas lieu de plein droit. Elle doit être demandée dans le délai d'un an à compter du jour où le donataire a pu connaître le fait de l'ingratitude. Ce temps écoulé, on présume qu'il a accordé son pardon. Dans le cas d'ingratitude, la révocation est regardée, avons-nous dit, comme une peine, et, cette peine devant être personnelle, il s'en suit que, malgré la résolution, les droits que le donataire a pu conférer aux tiers doivent être maintenus, pourvu qu'ils soient antérieurs à l'inscription de la demande en révocation faite en marche de la transcription. Par la même raison, l'action en révocation ne pourra être intentée que par le donateur contre le donataire. Les héritiers du donateur pourront néanmoins continuer l'action contre le donataire, quand elle aura été intentée par leur auteur, et même l'intenter quand celui-ci sera mort dans l'année du délit.

L'application des causes qui peuvent motiver la révocation de la donation est abandonnée à la prudence des juges. Remarquons toutefois que la loi n'exige pas, pour que la donation soit révoquée, qu'il y ait eu condamnation du donataire. Il suffit qu'il ait attenté à la vie du donateur. Le mot *sévices* dont se sert l'article 955, embrasse les actes de violence qui mettent la vie en danger et aussi les mauvais traitements qui sans exposer à aucun danger physique, rendent la vie pénible. La gravité des injures qui dépendra souvent des circonstances et de la position des parties, devra être appréciée par les tribunaux.

Toutes les donations, même celles rémunératoires et mutuelles, sont révocables pour cause d'ingratitude. Toutefois, la loi fait exception pour les donations faites en faveur du mariage. Il était juste, en effet, de ne pas étendre la peine infligée au donataire, à son conjoint et à ses enfants qui n'ont rien à se reprocher.

Le troisième cas de révocation est la survenance d'un enfant ou d'un descendant au donateur qui n'en avait pas au moment de la donation

La loi suppose qu'une personne sans enfants n'aurait pas donné, si elle avait pu prévoir qu'elle en aurait un jour. Si le donateur avait déjà des enfants au moment de la donation, quoi qu'il en naisse d'autres depuis, la révocation n'a pas lieu. Il est certain dans ce cas que le donateur a voulu préférer à sa postérité celui qu'il a gratifié. S'il n'y avait au temps de la donation qu'un enfant conçu mais non encore né, la révocation aurait lieu. Le donateur peut en effet, en ignorant la conception, et d'ailleurs l'enfant seulement conçu n'est réputé né que dans sòn intérêt, et ici cette présomption lui serait défavorable.

L'existence d'enfants naturels reconnus ou adoptifs au moment de la donation, empêchera la révocation. L'art. 960 ne distingue pas ; au contraire, l'enfant frappé de mort civile ne mettra point obstacle à la révocation. La mort civile est assimilée ici dans ses effets, à la mort naturelle ; l'enfant ne sera donc pas *actuellement vivant*, ainsi que l'exige la loi.

La cause de révocation des donations pour survenance d'enfants ne s'applique pas seulement aux donations ordinaires ; elle s'étend encore aux donations rémunératoires, mutuelles et à celles faites en faveur du mariage au profit des époux ou de l'un d'eux par des personnes autres que leurs ascendants ou l'un des conjoints.

La condition résolutoire de la survenance d'enfants, s'accomplit par la naissance d'un enfant légitime du donateur, même posthume ou par la légitimation d'un enfant naturel par mariage subséquent s'il est né depuis la donation, et enfin par la rentrée dans la vie civile d'un enfant mort civilement à l'époque de la donation.

Il faut remarquer que dans le cas de survenance d'enfants, à la différence de ce qui a lieu dans les deux cas d'inexécution des charges et d'ingratitude, la donation est révoquée de plein droit sans qu'il y ait lieu de la faire révoquer en justice. Puisque la propriété du donataire se trouve ains révoquée pleinement et absolument par la survenance de l'enfant, il importe peu que ce donataire ait pris ou non possession des biens avant la révocation. S'il se trouve en possession, il restituera les biens; seulement il ne s ra tenu de rendre que les fruits perçus depuis la notification de la naissance de l'enfant ou de sa légitimation par mariage subséquent.

Une autre conséquence de la révocation de plein droit, est de faire rentrer les biens donnés dans le patrimoine du donateur libres de toutes charges du fait du donataire. Les biens donnés ne peuvent pas même rester subsidiairement soumis à l'hypothèque de la femme du donataire pour sa dot et conventions matrimoniales, par cela seul que la donation aurait été faite en faveur du mariage et insérée dans le contrat, et que le donateur se serait obligé comme caution, par la donation, à l'exécution du contrat de mariage (Art. 963).

La donation se trouvant ainsi réduite à néant, ne saurait être validée par une ratification expresse, ni par une renonciation à l'action en réclamation, ni par la mort de l'enfant ; le donateur pourra seulement faire une donation nouvelle. Le donateur ne peut pas, à plus forte raison, renoncer d'avance à la révocation, et la déclaration la plus expresse à cet égard serait insignifiante.

Nous venons de dire que le donateur ne peut pas renoncer à l'action en réclamation, et que son silence, si long qu'il soit, ne peut jamais valider la donation; cependant le donataire pourra, par le fait de ce silence du donateur, acquérir par prescription l'objet donné, mais il ne pourra prescrire que par trente ans malgré son titre et sa bonne foi, et le délai ne courra que du jour de la naissance du dernier enfant du donateur.

Des règles générales sur la forme du testament.

Le testament est un acte par lequel une personne dispose pour le temps où il n'existera plus, de tout ou partie de ses biens existants à son décès. A la différence de la donation, le testament est essentiellement révocable ; du vivant du testateur, ce n'est que le projet d'une disposition qui ne sera parfaite qu'à sa mort.

Le testament ne doit émaner que de la volonté du testateur qui doit jouir de la plus complète indépendance, de la liberté la plus absolue. C'est pour cela que la loi prohibe les testaments conjonctifs au profit d'un tiers, ou à titre de disposition réciproque et mutuelle.

A Rome il était nécessaire que le défunt eût institué un héritier pour que ses dispositions testamentaires fussent valables, de sorte que sans l'institution il n'y avait pas de testament. Le code a rejeté cette règle du droit romain. La volonté de l'homme ne peut plus faire aujourd'hui que des donataires ou des légataires, jamais des héritiers. De plus, la manifestation de la volonté du disposant suffit pour constituer le testament, la loi n'exige pas de termes sacramentels et l'art. 967 déclare que le testament pourra se faire aussi valablement sous le titre *d'institution d'héritier* que sous le titre de legs.

La loi admet trois espèces de testaments. Le testament olographe, le testament public et le testament mystique.

Le testament olographe est celui que le testateur fait seul sans l'intervention de témoins ni d'officier public. Pour être valable, il doit être écrit en entier de la main du testateur. Un seul mot d'une main étrangère, entrainerait sa nullité, pourvu toutefois que ce mot fît partie du testament ou qu'il fût approuvé par le testateur. En second lieu, le testament doit être daté de la main du testateur. La date et l'indication du jour, du mois et de l'année où l'acte est fait. Une date incomplète ou inexacte ne suffirait pas, mais si elle pouvait se compléter par des circonstances tirées de l'acte même, le testament devrait être maintenu. Elle peut être écrite en chiffres comme en toutes lettres. La place qu'elle occupe dans l'acte est indifférente, pourvu qu'elle s'applique bien au testament entier.

La troisième condition exigée pour la validité de cette espèce de testament, est la signature du testateur. Le nom de famille n'est pas exigé dans la signature, et celui qui aurait signé son testament comme il avait l'habitude de signer tous ses actes, indiquerait suffisamment sa personnalité, et la signature serait valable.

Une fois que le testament est écrit en entier, daté et signé de la main du testateur, il est parfaitement valable. Ainsi, qu'il se trouve sur du papier, du parchemin, du bois, du carton, du linge; qu'il soit écrit avec de l'encre, du sang ou tout autre liquide, tout cela n'est d'aucune importance. Il peut même être fait par lettre missive, pourvu qu'il soit bien constaté que l'auteur de la lettre a réellement voulu écrire son testament. Ce point de savoir si la lettre contient réellement un testament, est laissé à l'appréciation des magistrats.

Le testament par acte public est celui qui est reçu par deux notaires en présence de deux témoins ou par un notaire en présence de quatre témoins (Art, 971).

L'importance et la solennité de l'acte justifient les précautions de la loi dans cet article et les règles sévères de l'article 972. Le testateur lui-même doit dicter son testament au notaire par qui il est reçu. La loi veut ainsi éviter scrupuleusement tout ce qui pourrait faire craindre que le testament ne fût pas l'œuvre du testateur seul. Ainsi le notaire ne pourrait pas procéder par interrogation ; il ne doit être qu'un secrétaire écrivant seulement ce qui lui est dicté, et sous la dictée même du testateur. Il ne lui serait donc pas permis non plus de recevoir d'abord la déclaration du disposant et de la rédiger ensuite. Le notaire doit écrire le testament tel qu'on le lui dicte, sans se permettre de rien ajouter ni retrancher, sauf toutefois les modifications qu'exigeraient les expressions impropres ou les tournures bizarres employées par le testateur.

La rédaction de l'acte ainsi terminée, il doit en être donné lecture au testateur en présence des témoins, afin qu'il soit certain que le notaire a fidèlement reproduit la volonté du disposant. L'article 972 exige enfin la mention expresse de l'accomplissement de toutes ces formalités. Ces diverses prescriptions doivent, aux termes de l'article 1001, être suivies à peine de nullité.

Le testament par acte public doit être signé par le testateur, s'il le peut, et dans ce cas, si la signature n'est pas apposée, l'acte est nul. Si le testateur était mort après avoir posé la première lettre de son nom, il y aurait nullité; bien plus, lors même que le testateur eût déclaré ne savoir signer, le testament serait encore nul s'il était prouvé que sa déclaration était mensongère, et qu'il savait signer. Ce refus de signer doit être considéré comme une protestation contre le testament. Mais si le testateur ne peut pas signer, le notaire doit faire mention de sa déclaration à cet égard, et de la cause qui fait obstacle à l'apposition de la signature, sous peine de nullité. Tous les témoins doivent encore signer le testament. Néanmoins, lorsque le testament est reçu dans les campagnes, la signature de la moitié des témoins est suffisante.

La loi exige que les témoins appelés pour être présents au testament soient mâles, majeurs, *sujets du roi*, jouissant des droits civils. Ces mots *sujets du roi* sont synonymes de Français. Ces quatre qualités constituent la capacité absolue des témoins, et sont exigées pour le testament public comme pour le testament mystique. Pour ce dernier testament, les incapacités relatives des témoins sont réglées par la loi de ventôse an XI. L'article 975 règle les incapacités relatives pour les testaments par acte public. Cet article déclare incapables trois classes de personnes : d'abord les légataires, à quelque titre qu'ils soient, et peu importe que le legs soit pur et simple ou conditionnel, considérable ou de peu de valeur, le légataire ne pourra dans aucun cas être témoin. — En second lieu, les parents et alliés du légataire, jusques et y compris le quatrième degré. Le conjoint du légataire est frappé de la même incapacité. — En troisième lieu, les clercs des notaires par lesquels les actes sont reçus.

Mais indépendamment de toutes ces incapacités, il en existe encore d'autres, produites par des circonstances qui mettent le témoin dans l'impossibilité de remplir la mission qui lui a été confiée, et que l'on a appelées incapacités *naturelles*. Ainsi, il est évident qu'un sourd, un aveugle, un individu en démence, ne pourront pas être témoins.

Il nous reste maintenant à parler du testament mystique ou secret, qui participe à la fois de la nature des deux autres testaments olographe et par acte public. Il est, en effet, secret comme le premier, et comme le second, il offre toutes les garanties de l'authenticité.

Celui qui voudra tester de cette manière pourra écrire lui-même ses dispositions ou les faire écrire par un tiers; mais dans tous les cas elles devront être signées de lui; il doit ensuite clôre et sceller, ou faire clôre et sceller soit le papier portant l'écrit, soit une enveloppe dans laquelle l'écrit aura été placé, et le présenter à un notaire et à six témoins, en leur déclarant que c'est là son testament, écrit et signé par lui, ou écrit par un autre et signé de lui. Après qu'il est clos et scellé, le notaire dresse de sa main procès-verbal des déclarations et présentations du testateur. Ce procès-verbal est appelé acte de suscription, parce qu'il est écrit sur le papier même que l'on a clos et scellé. Cet acte de suscription doit être signé par le testateur, le notaire et les six témoins. La loi ne permet pas ici, comme elle le fait pour le testament public, de se contenter dans les campagnes de la signature de la moitié des témoins; bien plus, la présence d'un second notaire ne pourrait pas suppléer à un nombre insuffisant de témoins.

Si le testateur ne peut, par un empêchement survenu depuis la signature apposée à ses dispositions, signer l'acte de suscription, il devra le déclarer au notaire qui en fera mention ; de même, s'il n'a pas signé ses dispositions, le notaire devra appeler un septième témoin à l'acte de suscription, ce septième témoin signera avec les autres témoins l'acte de suscription, qui contiendra en outre la mention de la cause pour laquelle ce nouveau témoin a été appelé.

Toutes les formalités que prescrit l'article 976 doivent se faire sans interruption , c'est-à-dire, que l'on ne doit pas interrompre ces formalités pour se livrer à d'autres soins.

Ceux qui ne peuvent pas lire, et qui dès-lors seraient incapables de connaître par eux-mêmes le contenu de l'écrit qu'ils auraient fait faire, ne peuvent pas tester en la forme mystique. Mais la loi permet à celui qui ne peut pas parler, si toutefois il sait écrire, de tester en cette forme. Dans ce cas , le testament devra être écrit en entier, daté et signé de la main du testateur. En second lieu , lorsque le testateur présentera l'écrit au notaire et aux témoins , il devra écrire en leur présence, au haut de l'acte de suscription , que c'est là son testament, et le notaire sera tenu d'énoncer dans l'acte de suscription , que c'est bien ce testateur qui a écrit ces mots en présence des témoins.

Le testament écrit en entier , daté et signé de la main du testateur, présente tous les caractères d'un testament olographe , et si plus tard il est revêtu des formalités du testament mystique et que l'acte de suscription se trouve nul , cette nullité n'entraînera pas celle du testament qui est valable par lui-même. La nullité de la suscription fera tomber le testament comme mystique , mais elle le laissera subsister comme testament olographe.

DROIT COMMERCIAL.

De la lettre de change.— Du rechange.

Lorsque la lettre de change n'est pas payée à son échéance, elle entrave les paiements au lieu de les faciliter. La loi a dû remédier à cet inconvénient. Si le porteur de la lettre non acquittée était réduit à réclamer son argent par les voies ordinaires, il manquerait trop souvent son but, et la loi vient à son secours en lui permettant de tirer une nouvelle lettre de change sur les divers signataires de la première. Par ce moyen, il peut immédiatement se procurer des fonds.

Le porteur, par la négociation de cette nouvelle lettre de change que l'on appelle retraite, et dont il reçoit le montant de celui à qui il la transmet, se trouve dans la même position que si la première lettre eût été acquittée. Cette nouvelle lettre comprend en effet :

1° Le capital de la lettre protestée ;

2° Les intérêts de ce capital jusqu'au jour où la retraite se négocie ;

3° Les frais de protêt et autres frais légitimes.

4° Le prix du change auquel se fait la négociation.

Le prix auquel on négocie la nouvelle traite est ce qu'on appelle *rechange*. Le Code donne quelquefois ce nom à l'opération tout entière, art. 177.

Le cumul des rechanges, qui n'est qu'une usure déguisée, est prohibé par l'article 183, mais dans d'autres pays, ce cumul est permis et cela donne lieu à des difficultés. Ainsi qu'arrivera-t-il si une lettre de change tirée d'une ville de France à l'étranger a donné lieu à des rechanges nombreux ? Le principe qui défend de cumuler les rechanges étant un principe de justice, il faudra s'en écarter le moins possible. Ainsi, on ne devra pas reconnaître aux parties contractantes le droit de convenir que la traite pourra subir plusieurs rechanges. D'un autre côté, chacun devant se conformer aux lois de son pays, nous croyons que les tribunaux français devront, suivant que le cumul des rechanges aura été permis dans le pays d'où la traite aura été tirée ou qu'il y aura été prohibé, faire supporter les frais au tireur ou à l'endosseur qui aura fait la seconde retraite.

Le porteur de la lettre de change en souffrance peut diriger sa retraite sur le tireur ou sur l'un des endosseurs ; mais son choix une fois fait, il ne lui est plus permis de varier. Lorsqu'il dirige la retraite sur le tireur, la manière de calculer le rechange n'offre aucune difficulté. L'article 179 dit avec beaucoup de clarté et d'exactitude que, dans ce cas, le rechange se règle par le cours du change du lieu où la lettre de change était payable (lieu du paiement) sur le lieu d'où elle a été tirée (lieu de la traite). Mais lorsque le porteur dirige la retraite sur l'un des endosseurs, la manière de régler le rechange présente d'assez grands embarras vu l'obscurité du second alinéa de l'art. 179. « A l'égard des » endosseurs, y est-il dit, le rechange se règle par le cours du » change du lieu où la lettre de change a été remise ou négociée » par eux, sur le lieu où le remboursement s'effectue. » Il est impossible de comprendre ce que le législateur a voulu dire par là ; aussi est-il nécessaire d'établir la position des parties, dans le cas où une retraite est tirée, pour régler leurs droits respectifs. Par ce moyen, on peut parvenir à une solution que l'on chercherait vainement dans le texte de l'art. 179. Il est certain que le tireur, par sa négligence à fournir la provision, doit être tenu de payer les frais légitimes de rechange ; mais, dans aucun cas, le porteur non payé ne pourra abuser des circonstances pour grossir le compte de retour de frais qu'il aurait pu économiser. Le porteur dirigeant la retraite sur l'un des endosseurs, voyons quelles sont ses obligations pour rester à l'égard du tireur dans les limites de la justice. Il peut se présenter deux cas : ou bien le cours du change du lieu du paiement sur le lieu où la retraite est dirigée est moins élevé que le cours du change du lieu du paiement sur le lieu d'où la traite a été tirée, ou bien il est plus élevé.

Dans le premier cas, le porteur ne doit comprendre dans sa retraite que le rechange d'après le cours du lieu du paiement sur le lieu où la retraite est dirigée ; et cela par la raison toute simple que le tireur et les endosseurs ne doivent au porteur que ce qu'il lui en a coûté pour négocier sa retraite et rentrer par-là dans ses fonds.

Dans le second cas, le porteur ne pourra comprendre dans sa retraite que le rechange d'après le cours du change du lieu du paiement sur le lieu de la traite. L'excédent restera donc à sa charge personnelle et cela est juste ; car il avait la chance, suivant le cours du change, de gagner à la négociation de sa retraite, et d'ailleurs, s'il ne voulait pas supporter cet excédent, il devait faire retraite sur le tireur.

Ainsi le *maximum* du rechange dont le tireur et les endosseurs peuvent être tenus, sera déterminé par le cours du change du lieu du paiement sur le lieu de la traite. Dans aucun cas, on ne peut leur en demander un plus élevé. Le cours du change du lieu du paiement sur celui de la destination de la retraite tirée sur un endosseur sert, au contraire, à déterminer si le rechange à supporter par le tireur et les endosseurs ne doit pas rester au-dessous de ce *maximum*.

On appelle *compte de retour* le procès-verbal dans lequel le surcroît de valeur de la retraite est justifié. Le porteur de la traite ne doit pas, en effet, payer ce qu'il lui en coûtera pour diriger sa retraite, et les frais de banque, de rechange, de timbre, de protêt, etc., doivent être joints au principal de la lettre protestée et demeurer à la charge du tireur.

Lorsque la retraite est dirigée sur le tireur de la lettre de change elle-même, le compte de retour doit être accompagné d'un certificat signé par un agent de change et, à son défaut, par deux commerçants, constatant le cours du change du lieu du paiement sur le lieu de la traite. Si la retraite est dirigée, au contraire, sur l'un des endosseurs, le certificat qui constatera alors le prix auquel elle a été négociée doit être adressée à cet endosseur. Un second certificat qui constate le cours du change du lieu du paiement sur le lieu de la traite, doit en outre être adressé au tireur, afin que plus tard dans le réglement de compte qui aura lieu entre le tireur de sa retraite et le tireur de la traite, celui-ci puisse s'assurer qu'il n'était pas plus avantageux pour lui que la retraite lui fût adressée.

Ce certificat, qui justifie le compte de retour, fera-t-il pleine foi? Pource que l'agent de change a pu et dû connaître par sa position, le cours de change, par exemple, qui est réglé par eux dans certaines villes, le certificat fera pleine foi. Quant à ce qu'il n'aura connu que par les indications de la partie, le certificat pourra être critiqué. Mais, dans la pratique, il est d'usage que l'on critique tout le certificat lorsqu'il paraît trop enflé, par la raison que les commerçants ne voulant pas trop souvent fatiguer un agent de change pour en obtenir un certificat, s'en font signer en blanc une provision, et puis les remplissent eux-mêmes, et que le certificat se trouve de la sorte fait par la partie intéressée.

Le compte de retour peut contenir tous les frais qu'il a été possible de prévoir, mais nous croyons que l'on ne peut pas y faire entrer les frais de voyage.

Pourrait-on y comprendre les dommages pour l'inexécution d'un marché que le porteur voulait faire avec le paiement de la lettre, ou pour l'inexécution d'une obligation qu'il n'a pas pu tenir par le défaut de paiement de la lettre? Le droit civil nous dit que celui qui n'exécute pas une obligation est passible de dommages-intérêts envers celui qui souffre de la non-exécution de cette obligation. Mais en droit commercial, il faut écarter toute considération personnelle. En principe, le tireur ne connaît que celui à qui il négocie lui-même la traite, et il n'est pas tenu de dédommager plus tard tel ou tel, qui par sa position a plus souffert qu'un autre du défaut de paiement de la lettre. Agir autrement, ce serait mettre le tireur dans une position trop fâcheuse. Il ne dépendrait, en effet, que du dernier endosseur de céder la traite à quelqu'un qui aurait des besoins extraordinaires, et qui ne se voyant pas payer la traite, occasionnerait au tireur des frais énormes, s'il pouvait faire entrer dans le compte de retour les dommages qu'il prétendrait lui être dûs.

DROIT ADMINISTRATIF.

De la compétence administrative et judiciaire en ce qui concerne le trésor public.

En général, ce qui regarde le trésor public rentre dans les attributions du pouvoir administratif. Ce n'est que par déclassement que les tribunaux judiciaires sont compétents pour connaître des contestations relatives aux contributions indirectes, à l'octroi en ce qui concerne l'état, à l'enregistrement. L'intérêt général dans les questions qui concernent le trésor public ressort d'une manière frappante. C'est le trésor public qui fait la force et la prospérité d'une nation. Si le trésor est vide, les grands travaux cessent, le commerce souffre, les armées s'affaiblissent, les fonctionnaires abandonnent leur poste, il n'y a plus de gouvernement possible. Aussi tout ce qui touche de près ou de loin les recettes et les dépenses du trésor public, est-il de la compétence des tribunaux administratifs; et il a fallu un déclassement formel pour attribuer aux tribunaux judiciaires les contestations dont nous avons parlé plus haut.

L'intérêt spécial apparaît lorsque l'on descend dans les détails de l'administration pour faire rentrer les produits des contributions, des emprunts, etc., ou pour liquider les paiements des sommes dues par l'état à l'occasion, par exemple, de travaux ou d'actes d'administration.

Ce qui concerne le trésor public se réduit à des sommes payées ou refusées. Celui qui refuse ou réclame le paiement d'une somme est en discussion avec l'état, il défend sa fortune, le droit privé est en jeu. Nous retrouvons donc ici tous les caractères exprimés par la formule : *intérêt spécial* émanant de l'*intérêt général* discuté en contact avec un *droit privé*. La matière est donc contentieuse.

Les contestations entre le trésor et les comptables ou entre les comptables, lorsque le trésor est intéressé, rentrent dans le contentieux administratif. Toutes les questions de comptabilité communale, de comptabilité des hospices ou autres établissements publics, appartiennent par un déclassement au contentieux administratif. La loi, pour compléter le système de tutelle administrative sous lequel sont placées ces personnes morales, a rangé dans les attributions de l'autorité administrative ces divers cas de compétence qui, par leur nature, appartiennent à l'autorité judiciaire.

Les demandes d'un percepteur qui veut exercer des poursuites contre le contribuable qui ne paie pas ou qui veut faire allouer en décharge au nom d'un individu les cotes indûment établies, rentrent encore dans le contentieux administratif.

Il en est de même des questions de contributions. Les conseils de préfecture prononcent sur les demandes des particuliers tendant à obtenir la décharge ou la réduction de leur cote de contributions. Il ne faut pas confondre la décharge et la réduction qui sont demandées à titre de droit et qui produisent une discussion contentieuse avec les remises ou modérations qui sont de pure faveur et qui appartiennent à la juridiction gracieuse des préfets.

Les difficultés qui peuvent s'élever relativement à la liquidation des sommes dues par l'état pour travaux, indemnités, etc., ou à la constitution des rentes inscrites sur le grand livre, ou paiement des arrérages ou intérêts, appartiennent nécessairement au contentieux administratif. Ainsi les ministres, chacun dans les attributions de son département, sont compétents pour appliquer les dispositions des lois et réglements relatifs à la liquidation des créances réclamées contre l'état, aux déchéances et prescriptions qui s'y rattachent.

Les réclamations qui peuvent s'élever en cas de refus de tout ou partie des sommes dues aux fonctionnaires publics par suite de l'exercice des fonctions, rentrent dans les attributions de l'administration active au second chef. Il en est de même des demandes de pensions civiles ou militaires lorsque le réclamant réunit les conditions exigées par la loi ou les réglements, ou qu'il y a contestation sur le point de savoir s'il les réunit, ou non.

La loi du 24 août 1793 ayant déclaré nationales les dettes des communes antérieures à cette loi, il en résulte que toutes les contestations qui s'élèveront sur l'existence ou la qualité de la dette, devront cesser de faire partie de la compétence des tribunaux judiciaires et devront être vidées par la voie contentieuse. Il en sera de même des dettes communales inscrites sur le grand livre, en exécution de l'art. 7 de la loi du 8 avril 1813. Les dettes de l'ancienne liste civile, aux termes de la loi du 8 avril 1834, ont dû être liquidées pour le compte et aux frais de l'état. Elles doivent par conséquent être considérées comme appartenant au contentieux administratif.

En outre de tous ces cas que nous avons énumérés, il en est d'autres dans lesquels le trésor public est directement intéressé et qui sont de la compétence du pouvoir gracieux.

Les faveurs accordées ou refusées par le ministre, par exemple, lorsque le ministre des finances refuse de faire la remise des condamnations prononcées par les tribunaux, d'amendes, de doubles droits d'enregistrement, ou d'ordonner des restitutions de paiements de cette nature déjà faits ; ou par le préfet, lorsque par exemple, il ne fait pas droit à une demande en remise de contributions, ces faveurs accordées ou refusées rentrent dans les attributions de l'administration active au premier chef.

Les traitements des fonctionnaires publics sont aussi réglés par le pouvoir gracieux, et nous avons vu plus haut que le recours contentieux n'est ouvert que pour la réclamation des sommes sur lesquelles le fonctionnaire a acquis un droit par l'exercice de la fonction.

Celui qui réclame une pension, lorsqu'il ne réunit pas toutes les conditions exigées par la loi pour y avoir droit, ne réclame évidemment qu'une faveur et la voie contentieuse ne lui est pas ouverte. Les fonctionnaires déclarés démissionnaires, destitués ou révoqués, avant d'avoir droit à la pension, ne peuvent pas réclamer par la voie contentieuse, soit une pension de retraite, soit une indemnité, soit la remise des retenues opérées sur leur traitement.

Dans le cas d'un marché conclu entre l'état et un particulier, les réclamations d'indemnité qui n'ont pas été stipulées dans le traité sont purement gracieuses.

Dans une adjudication de travaux publics, par exemple, l'entrepreneur qui s'est chargé à ses risques et périls et à forfait de toutes les conséquences de l'élévation du prix des matériaux, et qui n'est pas autorisé par une clause insérée dans le traité à exercer un recours pour pertes occasionnées par de faux calculs, n'a que la voie gracieuse. Il en est de même lorsque l'indemnité a été stipulée dans le traité, mais que l'entrepreneur n'a pas rempli les conditions auxquelles le droit à l'indemnité a été subordonné, ou qu'il ne se trouve pas dans le cas prévu.

L'entrepreneur qui aurait stipulé que dans le cas où l'indemnité devrait lui être accordée, elle fût fixée *à l'équité de l'administration* n'aura de même que la voie gracieuse.

Vu par le président de la Thèse,

ADOLPHE CHAUVEAU.

Cette Thèse sera soutenue le Août 1849, dans une des salles de la Faculté.

TOULOUSE. — Imprimerie de Ve SENS et JANOT, rue de la Pomme, 60.

www.ingramcontent.com/pod-product-compliance
Ingram Content Group UK Ltd.
Pitfield, Milton Keynes, MK11 3LW, UK
UKHW022144260726
13993UKWH00005B/2150